まちごとチャイナ

Hebei 005 Zhangjiakou

張家口

北京モンゴル街道
「陸の港」

Asia City Guide Production

【白地図】張家口と華北

CHINA
河北省

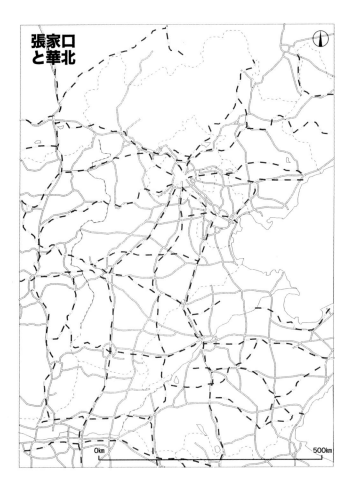

【白地図】張家口

CHINA
河北省

張家口

Zhangjiakou　白地図

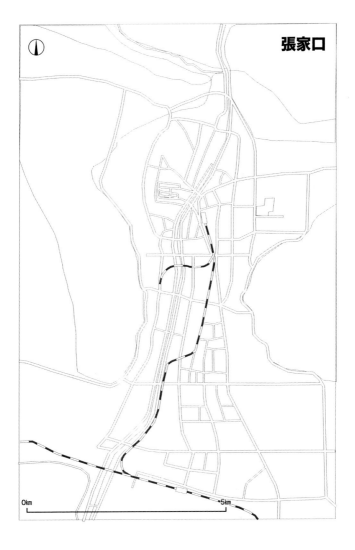

【白地図】張家口旧市街

CHINA
河北省

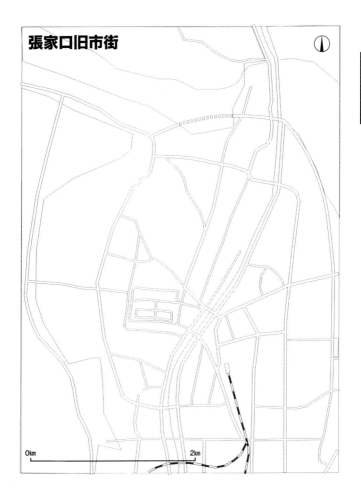

【白地図】張家口北駅

CHINA
河北省

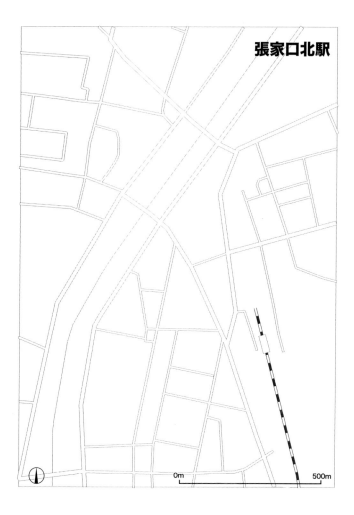

【白地図】張家口堡

CHINA
河北省

【白地図】大境門

CHINA
河北省

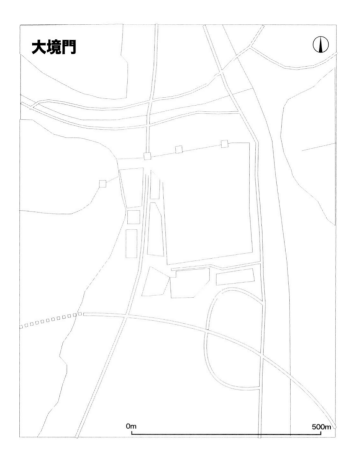

大境門

Zhangjiakou 白地図

【白地図】張家口南駅

CHINA
河北省

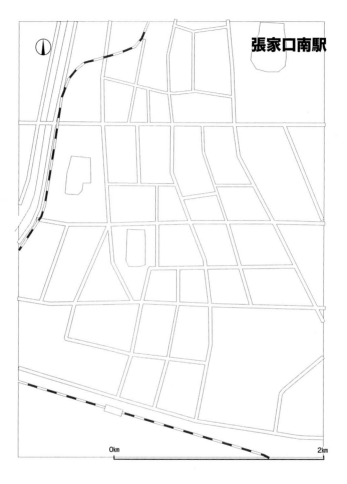

張家口南駅 Zhangjiakou 白地図

【白地図】張北

CHINA
河北省

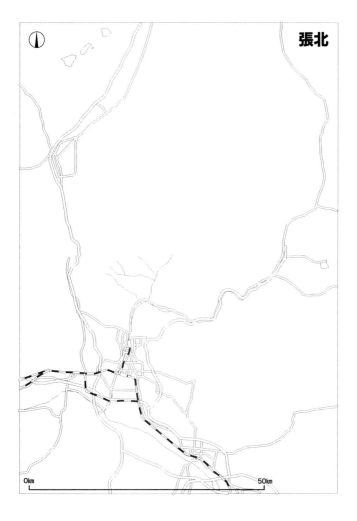

張北

Zhangjiakou

白地図

【白地図】崇礼県

CHINA
河北省

【白地図】宣化

CHINA
河北省

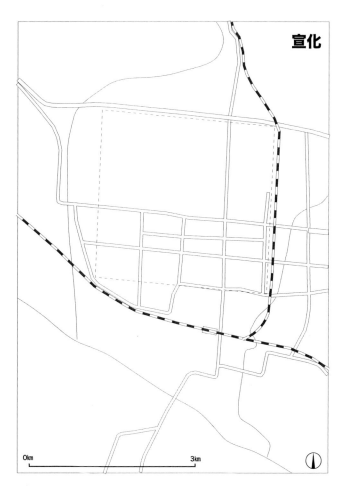

【白地図】宣化中心部

CHINA
河北省

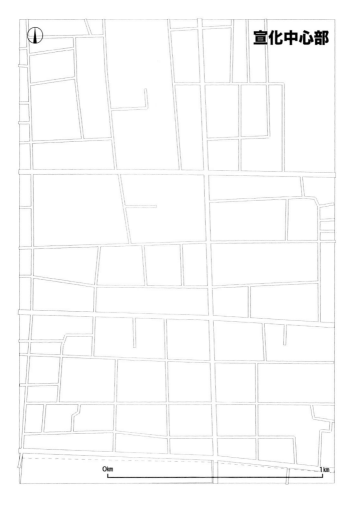

【白地図】張家口郊外

CHINA
河北省

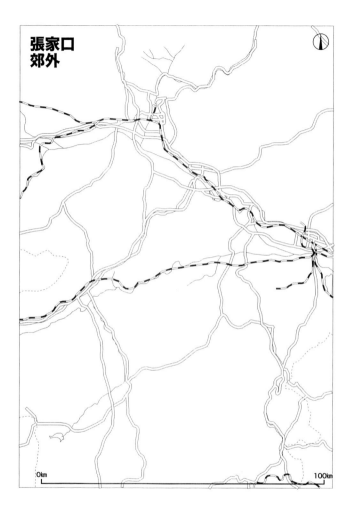

張家口
郊外

Zhangjiakou　白地図

CHINA
河北省

【まちごとチャイナ】
河北省 001 はじめての河北省
河北省 002 石家荘
河北省 003 秦皇島
河北省 004 承徳
河北省 005 張家口
河北省 006 保定
河北省 007 邯鄲

北京からウランバートル、ロシアへと続く街道上に位置する張家口。ふたこぶラクダの隊商が往来し、モンゴルの塞外情緒が漂う「漢族最果ての地」と知られてきた。万里の長城が街の北を走り、そこに立つ「大境門」は中華世界と塞外世界をわける象徴とされる。

明代まで、南東25kmの宣化がこのあたりの中心だったが、1429年、対モンゴルの最前線に張才が堡塁（張家口堡）を築き、張家口の発展がはじまった。北方のモンゴル人は張家口までやってきて生活に必要な物資を確保したことから、この街を

张家口 Zhāngjiākǒu
チャンジィァコヲウ 張家口
Zhang jia kou

モンゴル語で「カルガン（陸の港）」と呼んでいた。

17世紀以降、ロシアの東進もあって、「カルガン」の名は西欧でも知られるようになり、張家口は最高の繁栄を迎えた。一方で20世紀に入るとシベリア鉄道が開通し、張家口の地位は低下した。日中戦争（1937〜45年）時には大陸に進出した多くの日本人が暮らしたという経緯もあるほか、現在は河北省北西部を代表する工業都市という性格をもつ。

【まちごとチャイナ】

河北省 005 張家口

目次

張家口	xxvi
大好河山草原への最前線	xxxii
橋東城市案内	xlv
張家口堡城市案内	lvi
橋西城市案内	lxvii
大境門城市案内	lxxv
長城線と張家口めぐって	lxxxviii
市街縁部城市案内	xcv
南駅城市案内	cii
張北城市案内	cvi
宣化城市案内	cxvi
郊外城市案内	cxxxvii
城市のうつりかわり	cxlix

【MEMO】

【地図】張家口と華北

CHINA
河北省

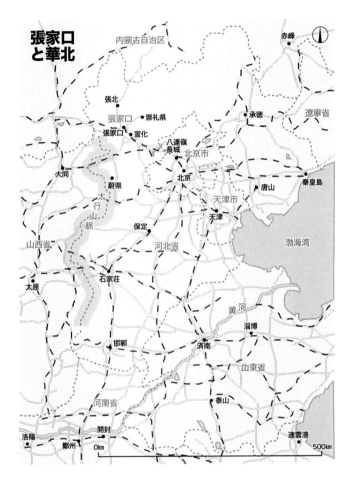

大好河山 草原への 最前線

CHINA
河北省

草原のシルクロードへの入口、張家口
「西口」のフフホトに対して
「東口」と呼ばれた長城線の街

北京ウランバートル街道

遊牧民たちの世界であるモンゴル高原と、元、明、清と中華王朝の首都がおかれてきた北京。張家口は華北平原とモンゴル高原の、距離的にも、標高的にも中間に位置し、南の農耕世界と北の遊牧牧畜世界の接点（長城線）となってきた。北京から続く街道は、南口、居庸関、八達嶺長城、懐来、宣化、張家口、ウランバートルへと続き、張家口より先が「内蒙古(中国)」、ゴビ砂漠を越えると「外蒙古（モンゴル国）」となる（北京北西の居庸関あたりから山岳地帯に入り、張家口の標高は800mほどで、張家口北の陰山山脈を抜けると標高1200

Zhangjiakou　大好河山草原への最前線

〜 1400m のモンゴル高原)。張家口は漢族の世界から見れば、モンゴルの遊牧世界への最前線地帯で、モンゴルから見れば、農耕世界への「カルガン (関門)」であった。市街北側を万里の長城 (外長城) が東西に走り、短い夏と厳しい冬、大陸性の乾燥した気候をもつ。

張家口で取引されたもの

明代中期までは、しばしばモンゴル族は中国北辺に侵攻し、物資を略奪したが、やがて長城線に互市がおかれ、両者の交易が盛んになった。ラクダのキャラバンが遠くトルファンや

CHINA
河北省

ハミからの物資を張家口大境門まで運び、漢族の商人はそこでモンゴル人に商品を売った。土地を耕さず、放っておいても家畜の育つ牧畜生活を送る遊牧民は、栄養をとるための中国茶、鍛冶技術の必要な鉄の鍋などを求め、漢族は北方の馬、毛皮などを求めた。モンゴル高原では、張家口から仕入れた氷砂糖や麺、茶がその4倍の値で取引されることもあったという。やがて17世紀以降のロシアの東方進出とともに、張家口から清とロシアの国境の街キャフタと張家口を結ぶキャフタ貿易が盛んになり、「チャイ」こと中国茶がその目玉となった（また北方の物資は、張家口から北京や天津へと運ば

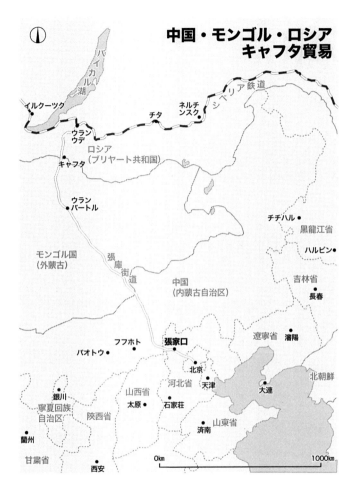

河北省

れていった)。張家口では、この地に進出した山西商人や河北商人、馬頭琴をひくモンゴル人、白い帽子をかぶったイスラム教徒回族、白系ロシア人など多種多様の人びとの姿が見られた。

日本人と蒙疆の首都

1945年の終戦時、張家口には4万人の日本人がいたという。日露戦争（1904〜05年）以来、中国大陸に進出した日本は、1932年に満州国を樹立、1937年の盧溝橋事件から華北へと進出した。1931年、松岡洋右によって唱えられた「満蒙は

Zhangjiakou　大好河山草原への最前線

▲左　漢族とモンゴル族、農耕地帯と遊牧僕地帯をわける万里の長城、大境門にて。　▲右　「京西第一府」こと宣化、北京を防衛する役割があった

日本の生命線」の言葉が知られ、内蒙古から外蒙古をのぞむ張家口は、日本にとっての戦略上の要衝となっていた。1939年、日本はチンギス・ハンの子孫にあたるモンゴル人徳王を中心とする日本の傀儡政権「蒙古連合自治政府」を樹立し、その首都張家口には多くの日本人が暮らしていた（当時の張家口には、日本の領事館、蒙疆神社のほか日系の横浜正金銀行、蒙疆銀行、蒙疆新聞社なども見られた）。日本人はそれまでの中国人の街「張家口堡」から清水河をはさんだ対岸の橋東に暮らし、のちに総理大臣となる大蔵官僚大平正芳が張家口に赴任しているほか、芥川賞作家池田満寿夫は張家口で

河北省

終戦を迎えている。

張家口の構成

東西にせまく、南北に長い、きわめて特徴的なかたちをした張家口市街。これは街の東西から山塊がせまる地理上の制約からくるもので、南北に続く谷状の張家口中央部を清水河(清河)が流れる。明代の 1429 年、堡塁として築かれた張家口は、この清水河の西側に位置し、「張家口堡(下堡)」の名前で知られてきた。やがて明朝とモンゴルのあいだで互市が開かれると、1613 年、万里の長城(外長城)すぐそばに「来遠堡(上

Zhangjiakou　大好河山草原への最前線

堡)」がもうけられ、大境門外が中国と、モンゴルやロシアとの交易の場となった。張家口の発展とともに、「張家口堡（下堡）」と「来遠堡（上堡）」はひと続きになり、20世紀に入ると河の東側（橋東）に新市街の開発が進んだ。この張家口の地形上の制約から、1949年の中華人民共和国成立以後、街の7㎞南に張家口南駅がつくられ、こちらに新たな市街、開発区がおかれている。

【地図】張家口

【地図】張家口の ［★★★］
- ☐　張家口堡 张家口堡チャンジィアコウバオ
- ☐　大境門 大境门 ダアジィンメン
- ☐　大境門長城 大境门长城ダアジィンメンチャンチャアン

【地図】張家口の ［★★☆］
- ☐　張家口市展覧館 张家口市展览馆
　　チャンジィアコウシイチャンラァングゥアン
- ☐　水母宮 水母宫シュイムウゴォン
- ☐　雲泉寺 云泉寺ユゥンチュゥエンスウ

【地図】張家口の ［★☆☆］
- ☐　張家口駅（北駅）张家口北站
　　チャンジィアコウベイチャン
- ☐　清水河 清水河チィンシュイハア
- ☐　明徳北路 明德北路ミィンダアベイルウ
- ☐　察哈爾烈士陵園 察哈尔烈士陵园
　　チャァハアァリエシイリンユゥエン
- ☐　張家口南駅 张家口南站チャンジィアコウナンチャン

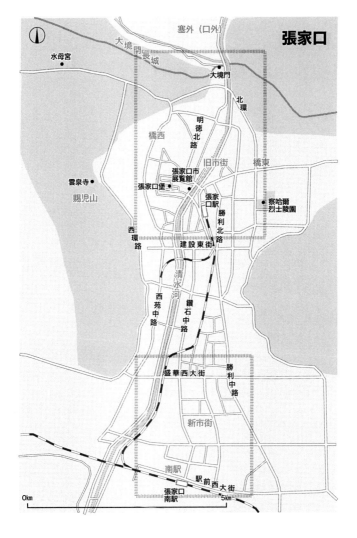

【地図】張家口旧市街の [★★★]

- ☐ 張家口堡 张家口堡 チャンジィアコウバオ
- ☐ 大境門 大境门 ダアジィンメン
- ☐ 大境門長城 大境门长城 ダアジィンメンチャンチャアン

【地図】張家口旧市街の [★★☆]

- ☐ 怡安街 怡安街 イィアンジエ
- ☐ 鼓楼 鼓楼 グウロウ
- ☐ 察哈爾都統署旧址 察哈尔都统署旧址 チャァハアァドゥトォンシュウジィウチイ
- ☐ 水母宮 水母宫 シュイムウゴォン
- ☐ 雲泉寺 云泉寺 ユゥンチュゥエンスウ

【地図】張家口旧市街の [★☆☆]

- ☐ 張家口駅（北駅）张家口北站 チャンジィアコウベイチャン
- ☐ 清水河 清水河 チィンシュイハア
- ☐ 清河橋 清河桥 チィンハアチャオ
- ☐ 明徳北路 明德北路 ミィンダアベイルウ
- ☐ 人民公園 人民公园 レンミンゴォンユゥエン
- ☐ 大境門外大街 大境门外大街 ダアジィンメンワイダアジエ
- ☐ 通泰大橋 通泰大桥 トォンタイダアチャオ
- ☐ 察哈爾烈士陵園 察哈尔烈士陵园 チャァハアァリエシイリンユゥエン

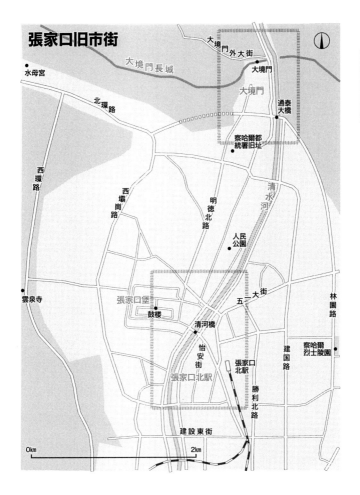

【MEMO】

CHINA
河北省

Guide, Qiao Dong
橋東
城市案内

張家口の中心部を南北に流れる清水河
清水河にかかる清河橋が街のへそにあたり
橋の東を「橋東」、西を「橋西」と呼ぶ

張家口駅（北駅）张家口北站
zhāng jiā kǒu běi zhàn チャンジィアコウベイチャン［★☆☆］

かつて張家口旧市街近くまで旅客や物資を運び、街の入口となっていた張家口駅（北駅）。清朝末期の1909年に北京と張家口を結ぶ鉄道が、中国の独力で敷設され、この鉄道の開通にともなって便のよい「橋東」が発展した（線路はフフホトや大同へ続いた）。現在、この張家口駅（北駅）に代わって新しくつくられた張家口南駅が交通の基点となっている。

【地図】張家口北駅

【地図】張家口北駅の [★★★]
- ☐ 張家口堡 张家口堡 チャンジィアコウバオ

【地図】張家口北駅の [★★☆]
- ☐ 怡安街 怡安街 イイアンジエ
- ☐ 張家口市展覧館 张家口市展览馆 チャンジィアコウシイチャンラァングゥアン

【地図】張家口北駅の [★☆☆]
- ☐ 張家口駅（北駅）张家口北站 チャンジィアコウベイチャン
- ☐ 解放路 解放路 ジエファンルウ
- ☐ 東安大街 东安大街 ドォンアンダアジエ
- ☐ 清水河 清水河 チィンシュイハア
- ☐ 清河橋 清河桥 チィンハアチャオ

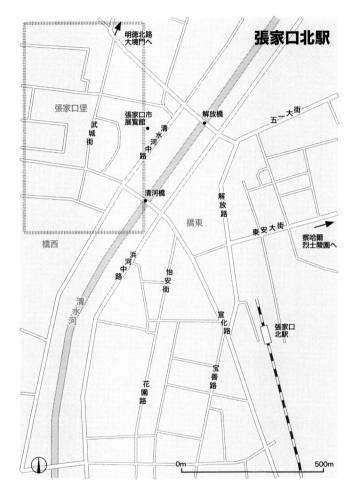

河北省

解放路 解放路 jiě fàng lù ジエファンルウ ［★☆☆］

解放路は張家口駅前を南北に走る橋東の目抜き通り。もともと張家口の街（張家口堡）は橋西にあり、近代まで橋東は原野だったが、張家口駅（北駅）が整備されて発展した（近代、日本の進出とともに街が開発されていったという経緯もあり、当時、橋東は「新開地」と呼ばれていた）。1949年の中華人民共和国の成立後、解放路と改名された。

▲左　張家口北駅付近、かつて日本人が多く暮らしたエリア。　▲右　地元の人びとでにぎわう怡安街

東安大街 东安大街
dōng ān dà jiē ドォンアンダアジエ ［★☆☆］

張家口駅（北駅）から橋東を東西に走る東安大街。戦前、日本人が多く暮らした地域で、現在は大型商店がならぶ。清水河から察哈爾烈士陵園に向かって標高があがっていく。

怡安街 怡安街 yí ān jiē イイアンジエ ［★★☆］

中華料理に加え、モンゴル料理を出すレストランもならび、にぎわいを見せる怡安街。怡安とは「喜び、安らか」を意味し、かつて近くの福寿街とともにこの界隈は張家口屈指の繁

河北省

華街だった(1942年、張家口という街名をモンゴル語で「大都」を意味する「怡和浩特イホホト」としようとする意見もあった)。戦前、この怡安街にはジンギスカン料理を出す「華賓楼」、呉服の「德泰隆」などが店舗を構えていた。

張家口の日本人

1939〜45年に日本傀儡の蒙古連合自治政府の首都がおかれたことから、かつて張家口には多くの日本人が進出していた。1937年に619人だった張家口の日本人は、同年の蘆溝橋事件とともに増え続け、1939年に1万4千人、終戦時には4

Zhangjiakou　橋東城市案内

万人もの日本人が張家口で暮らしていた。蒙疆銀行、察南実業銀行、蒙疆新聞社など日系企業のほか、現在の察哈爾烈士陵園にあった蒙疆神社、日本人小学校、東西本願寺、高島屋なども見られた。人力車の往来する清河橋、張家口駅前の白系ロシア人の働く喫茶店カルガン、李香蘭のリサイタルを行なった張家口劇場、また怡安街は日本の浅草を思わせるにぎわいだったという（池田満寿夫の両親は、福寿街でカフェを開いていた）。1945年の日本の敗戦を受けて、張家口に暮らす人びとは張家口駅から北京、天津をへて日本にひきあげた。

河北省

清水河 清水河 qīng shuǐ hé チィンシュイハア [★☆☆]

清水河はモンゴル高原南端にあたる陰山山脈からこぼれ落ちるように流れ、張家口大境門外で西溝と合流する。北から南へ貫流する清水河のほとりに張家口は開け、清水河は洋河に合流したあと、宣化から街道にそって北京方面へいたり、やがて永定河となる。普段の水量は少ないが、豪雨を受けると茶褐色の濁流が一気に流れたといい、このときの様子を池田満寿夫は「洪水はいつも恐ろしい速さでやって来た。濁流が城壁の街の通りを一瞬に駆け抜け、泥土と瓦礫と犬の死体と、時には人間の死体とを残していった」(『楼閣に向って』)と

▲左　清水河にかかる橋を基準に橋西、橋東とエリアわけされる。　▲右　街の中心に位置する張家口市展覧館

記している。また冬には清水河の水は凍り、スケートを楽しむ人びとの姿も見られる。

清河橋 清河桥 qīng hé qiáo チィンハアチャオ ［★☆☆］
張家口旧市街にあたる張家口堡（下堡）と橋東の市街を結ぶ清河橋。川幅100mもの清水河にかかる橋は、かつて鉄骨づくりだったが現在は新しいものとなっている。1940年、北白川宮永久王（昭和天皇の弟）がこの橋の近くで墜落した飛行機によって生命を落としたという経緯もある。

河北省

張家口市展覧館 张家口市展览馆
zhāng jiā kǒu shì zhǎn lǎn guǎn
チャンジィアコウシイチャンラァングゥアン ［★★☆］

張家口市街の中心、清水河を前方にのぞむ張家口市展覧館。毛沢東が絶大な権力をにぎった1968年に建設され、さまざまな催しが行なわれている（当時、スターリン様式の影響を受けた建物が多く建てられた）。前方には手をかかげる毛沢東像が立ち、広場には多くの市民が集まる。

Guide, Zhang Jia Kou Bao
張家口堡城市案内

CHINA
河北省

細い路地が縦横に走る張家口堡
内蒙古、中国各地からの物資が集まり
秋には甘栗の香りが街に充満したという

張家口堡 张家口堡
zhāng jiā kǒu bǎo チャンジィアコウバオ ［★★★］

橋西に位置する張家口堡は、明代以来の伝統をもつ街区で、「張家口老街」「堡子里」とも呼ばれる。1429年、北方のモンゴル族に対する最前線のこの地に、萬全都指揮使の張文帯が城壁をもうけ、その小北門を張家口と呼んだことで街の歴史がはじまった。この張家口堡がいわゆる張家口城にあたり、軍営地として築かれた性格から明代には2000人の守備兵が待機していた（1613年に上堡こと来遠堡が築かれると、こちらは下堡と呼ばれるようになった）。やがて清代、張家口

Zhangjiakou | 張家口堡城市案内

がモンゴルやロシアと、中国の交易地となると大いに栄え、張家口堡(下堡)は銭舗や票荘などの旧式銀行、茶業、布荘、皮革商人たちでにぎわった。シベリア(ロシア)の毛皮と、南京木綿、絹織物や中国茶などが取引され、また中国商人は張家口からキャフタへ毛皮を買いつけに行った。定将軍府、康熙茶楼、関帝廟、恒北銀号旧址、日本の商社のオフィス跡などが残り、かつては竜宮という名の唱家もあったという。

山西商人の進出

明代、モンゴルへの最前線となった長城地帯(北辺防衛)へ

【地図】張家口堡

【地図】張家口堡の [★★★]
- [ ] 張家口堡 张家口堡チャンジィアコウバオ

【地図】張家口堡の [★★☆]
- [ ] 玉皇廟 玉皇庙ユウフゥアンミャオ
- [ ] 鼓楼 鼓楼グゥロウ
- [ ] 張家口市展覧館 张家口市展览馆 チャンジィアコウシイチャンラァングゥアン

【地図】張家口堡の [★☆☆]
- [ ] 掄才書院 抡才书院ルゥンツァイシュウユゥエン
- [ ] 旧三菱商事 三菱洋行旧址 サンリンヤァンハァンジィウチイ
- [ ] 旧三井物産 三井洋行旧址 サンジィンヤァンハァンジィウチイ
- [ ] 西関清真寺 西关清真寺シイグゥアンチィンチェンスウ
- [ ] 清河橋 清河桥チィンハアチャオ
- [ ] 清水河 清水河チィンシュイハア

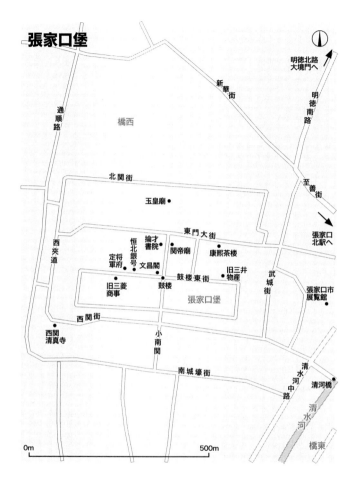

CHINA
河北省

の物資を運ぶなかで、地の利のある山西商人が台頭した。張家口堡で活躍したのも山西商人で、山西出身の関羽が「そろばんの発明者」「商売の神さま」として信仰された。山西商人は本店のある山西省を拠点に、票号（為替手形）をもちいて、張家口をはじめとする各地の物資の決済を行なった。張家口では明代以来、山西商人が進出し、山西方言の話される「橋西」と、北京語が話される「橋東」では明確な違いがあったという。たとえば「張家口」は北京語では「張家口（チャンジャアコウ）」と発音し、山西方言では「張家口（チョジャキュー）」と発音されるという。

▲左　近郊の農村で収穫された野菜がならんでいた。　▲右　張家口堡の交差路に立つ文昌閣

玉皇廟 玉皇庙 yù huáng miào ユウフゥアンミャオ[★★☆]

街を見渡せる張家口堡の高台に位置する玉皇廟。道教の最高神である玉皇上帝がまつられ、張家口の商人にとっては財神廟の性格をもっていた。この玉皇廟では行事ごとに演劇が行なわれるなど、商人たちの情報交換の場、ギルドの集会所という性格の場所となった（宗教的意味合いはそれほど強くなかった）。

CHINA
河北省

掄才書院 抡才书院
lūn cái shū yuàn ルゥンツァイシュウユゥエン [★☆☆]

張家口堡の一角に残る掄才書院。清朝時代の 1878 年の設立された学校で、中国の伝統文化や儒教の教育、研究の場となっていた。やがて中国の近代化とともに、初級師範学堂、自治学社、高等学堂と名前を変えていった。

鼓楼 鼓楼 **gǔ lóu グウロウ** [★★☆]

東西と南北の街路が交差する張家口堡の中心、十字路におおいかぶさるように立つ鼓楼。楼閣内には太鼓がおかれ、街中

にときを告げる時計の役割を果たしてきた。隣接して科挙合格を祈願した文昌閣が残る。

旧三菱商事 三菱洋行旧址 sān líng yáng háng jiù zhǐ
サンリンヤァンハァンジィウチイ ［★☆☆］

華北やモンゴル、ロシアからの商品の集まる張家口で、華北の綿花や石炭、羊毛などの買いつけを行なった三菱商事。三菱商事は1915年に天津の日本租界に進出し、そこから1941年、張家口出張員を派遣した（やがて張家口支店と改称された）。終戦間近に、張家口堡のこの地から現在の解放路へと移転した。

河北省

旧三井物産 三井洋行旧址 sān jǐng yáng háng jiù zhǐ
サンジィンヤァンハァンジィウチイ ［★☆☆］

三菱商事とともに張家口に進出した日本の商社の三井物産。1938年、張家口派出員がおかれ、大同、フフホト、パオトウなどの三井物産の事務所を傘下とした。張家口では綿布、白麺、砂糖などを買いつけた。

西関清真寺 西关清真寺
xī guān qīng zhēn sì シイグゥアンチィンチェンスウ［★☆☆］

張家口堡西関街に残るイスラム寺院の西関清真寺。張家口の

▲左　細い路地では昔ながらの人びとの営みが見られる。　▲右　張家口の商人たちが商売繁盛を願った玉皇廟

回族は華北から移住してきた人びとの末裔で、郵送業、貿易業、飲食業、肉業、皮革業などに従事した。西関清真寺は清朝康熙帝（在位 1661 〜 1722 年）以来の伝統をもち、ほかに来遠堡（大境門そば）などにもイスラム寺院があった。イスラム教徒の回族は「豚肉を食さない」「1日五度の礼拝」などの生活体系をもつため、集住し、白い帽子でその信仰を示した。そのためモンゴル人は回族を「チャガン・マラガイ（白い帽子）」と呼んだという。

Guide, Qiao Xi
橋西
城市案内

張家口堡と万里の長城に位置する大境門
両者を結ぶ明德南路と明徳北路界隈には
商店や察哈爾都統署旧址、行政機関が残る

明徳北路 明徳北路
míng dé běi lù ミィンダアベイルウ ［★☆☆］
明代以来の「張家口堡（下堡）」と、明末以来、貿易の中心地となった大境門のある「来遠堡（上堡）」を結ぶ明徳北路。このふたつの「堡」を結ぶように街は発展し、現在では両者はつながって大きな「張家口」が形成されている。かつて明徳路には金物店、野菜店、雑貨店、漢方薬店、料理店が連ね、明徳北路の脇には察哈爾都統署（徳王）、政府機関などが集まり、それぞれ大南街、大北街と呼ばれた。

CHINA
河北省

察哈爾都統署旧址 察哈尔都统署旧址 **chá hā ěr dū tǒng shǔ jiù zhǐ** チャァハアァドゥトォンシュウジィウチイ[★★☆]

明徳北路と古宏大街の交わる十字路のそばに残る察哈爾都統署。清朝の1762年以来の伝統をもつ旧都統衙門で、中庭の連続する中国の伝統的な四合院様式が見られる(「察哈爾」チャハルという名称は、張家口近くを放牧地としたモンゴルの部族名からとられ、この地方をチャハル地方と呼ぶ)。清朝に続く中華民国時代の1927年、最後の察哈爾都統の高維岳は大境門に「大好河山」と揮毫し、現在、張家口の象徴となっている。また蒙古連合自治政府(1939〜45年)時代、

▲左　橋西を走る2階建ての路線バス。　▲右　中国将棋シャンチーを指す人たちを囲む

モンゴル族の徳王の官邸とされた。長らく荒れ果てていたが、2012年に改修されて開館した。

徳王と蒙古連合自治政府

清代、モンゴル族の暮らす草原において、漢族の開墾は制限されていたが、中華民国時代に入ると、漢族の進出で牧畜用の土地は農地へと変えられていった。こうしたなか外蒙古は1921年、ロシアの影響のもと中国から独立し、内蒙古ではチンギス・ハン第30代目の子孫にあたる西ソニットの徳王（1902〜66年）が外蒙古同様に内蒙古の独立を模索していた。

【MEMO】

CHINA
河北省

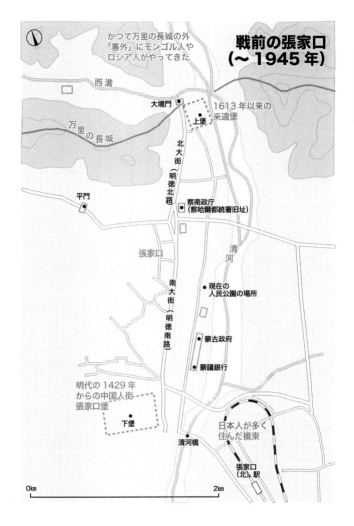

CHINA
河北省

　この徳王に目をつけたのが1937年の盧溝橋事件以後、華北進出していた日本で、満州国に続いて1939年、徳王を主席とする日本傀儡の蒙古連合自治政府を樹立した(張家口はその首都となった)。赤(日本)、白(回族)、青(モンゴル)、黄(漢族)の四色七条旗が国旗とされ、チンギス・ハン起源の暦、蒙彊銀行券が使用された。この政府の主席は徳王だったが、幹部や官吏は日本人がしめ、1939年、日本から大平正芳が派遣されている。当時、日本は満州、内蒙古に続いて、西北イスラム教徒の傀儡政権をつくることを画策し、同盟国のドイツと連絡できるアフガニスタンまでの通路を確保しよ

うとしていた。

人民公園 人民公园
rén mín gōng yuán レンミンゴォンユゥエン ［★☆☆］

清水河の西側に広がる人民公園。乾燥地帯の張家口にあって、池のほとりに豊かな緑が広がる。人びとの憩いの場となっているほか、周囲には張家口の官公庁が位置する。旧日本大使館が、張家口市庁として使われてるほか、旧蒙疆銀行の建物なども近くに残る（1922年から張家口に日本領事館がおかれていた）。

Guide, Da Jing Men
大境門城市案内

口外(塞外)と口内(中華)をわける大境門
張家口を呼ぶモンゴル語カルガンの名は西欧にも知られ
ロシアのチャイ(茶)はここから伝わった

来遠堡(上堡)来远堡
lái yuǎn bǎo ラァイユゥエンバオ [★★☆]

張家口市街北部を走る万里の長城のすぐ内側に位置する来遠堡(上堡)。1429年に張家口堡が築かれた当初、明はモンゴルと対立していたが、明とアルタン・ハン(1507～82年)のあいだで講和が結ばれると、長城地帯で互市が開かれた(略奪や収奪されるよりも、正式な交易の場をもうけることは明にとっても利益があった)。その場所に選ばれたのが、長城すぐ外がモンゴル草原にあたるこの場所で、1613年に築かれた来遠堡は「下堡(張家口堡)」に対して、「上堡(来遠堡)」

CHINA
河北省

と呼ばれた。旧式銀行、茶業、布荘らの商人を中心とした「張家口堡（下堡）」に対して、「来遠堡（上堡）」はモンゴル人を相手にした衣服、雑貨、馬具などの商品がとり扱われた。この地に進出した山西商人が建てた関帝廟が商売の神さまとして信仰され、とくに17世紀以降、ロシアが進出すると、この来遠堡と大境門外は「陸の港」と呼ばれるにぎわいを見せた。張家口から北京、天津、そこから海外へ物資が運ばれたが、1903年、シベリア鉄道が開通すると、張家口は「陸の港」の役割を終えた。

▲左　山海関、居庸関、嘉峪関とならぶ関所の大境門。　▲右　丘陵の尾根上を大境門長城が走る

大境門 大境门 dà jìng mén ダアジィンメン ［★★★］

張家口北側を走る万里の長城は、漢族の世界と遊牧民の世界をわけ、その「境」となってきたのが大境門。張家口の象徴と言えるこの門は、清朝順治帝の1644年に建てられ、門の高さ12m、門の幅9m、下部の長さ13mで、1927年、最後の察哈爾都統、高維岳が揮毫した「大好河山」の文字が見える（この扁額の文字は、反対に「山河好大」とも読めるという）。張家口中心部から明徳北路が大境門までまっすぐ伸び、大境門外からはウランバートルへ向かう張庫大道、ドロンノールへ向かう道が続いていた。かつてモンゴル高原から毛皮をラ

【地図】大境門

【地図】大境門の [★★★]
- ☐ 大境門 大境门 ダアジィンメン
- ☐ 大境門長城 大境门长城 ダアジィンメンチャンチャアン

【地図】大境門の [★★☆]
- ☐ 来遠堡（上堡）来远堡 ラァイユゥエンバオ

【地図】大境門の [★☆☆]
- ☐ 大境門外大街 大境门外大街 ダアジィンメンワイダアジエ
- ☐ 通泰大橋 通泰大桥 トォンタイダアチャオ
- ☐ 明徳北路 明德北路 ミィンダアベイルウ

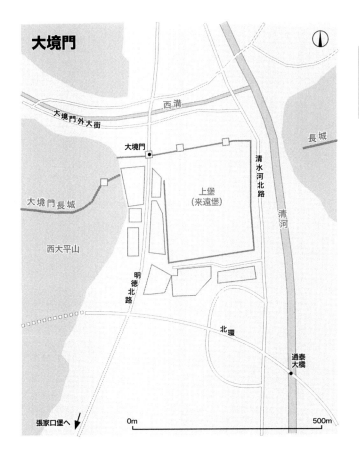

河北省

　クダの背に載せたキャラバンが大境門外までやってきて、遊牧民に不足していた茶、農産物、絹や綿織物を買ってラクダに載せ替えて帰っていくという光景があった。この「大境門」は万里の長城の関門のなかでも、東端の「山海関」、西端の「嘉峪関」、北京を防衛する「居庸関（八達嶺長城近く）」とともに長城四大関口とされる。清代にこの大境門が築かれたとき、東側に小境門があったという。

大境門城市案内

大境門長城 大境门长城 dà jìng mén cháng chéng
ダアジィンメンチャンチャアン ［★★★］

現在見られる万里の長城は、モンゴル族の侵攻を防ぐ目的で明代（1368〜1644年）に築かれ、「辺牆」と呼ばれた。首都北京を防衛するために、内長城と外長城の二重の城壁が走り、内長城と外長城がわかれる北京結点から張家口、宣化西の平遠堡にいたるまでは北京とモンゴル高原を結ぶ最重要拠点にあたった。大境門長城が築造されたのは1485年で、1449年、明の皇帝がモンゴルに拉致される土木の変が起こって以降、より強力な北辺防衛体制が敷かれるようになった（嘉

河北省

靖帝時代の1521〜66年に大同から宣府西の西陽河、洗馬林、張家口あたりの長城64里、敵台10が築かれている)。明からモンゴル高原をも版図とした清へ時代が遷ると、万里の長城は意味をなさなくなり、荒れ果てて瓦礫の山の体だったが、1980年代、鄧小平のもと観光目的で再建された。中国でも長城の総延長が長い河北省は「長城博物館」と呼ばれ、大境門を起点に長城が山の尾根を伝う様子が見られる。

万里の長城とは

万里の長城という言葉は、司馬遷『史記』に記された「臨洮

▲左　大境門のすぐ内側につくられた来遠堡。　▲右　赤いモニュメントのような通泰大橋が見える

より遼東まで、延びること万余里」からとられている。春秋戦国時代、北方民族に対して陰山山脈にそって燕や趙の国が築いたものを紀元前221年、中華統一を果たした秦の始皇帝がつなぎあわせて完成させた（張家口はちょうど燕と趙の境にあたり、張家口西60km付近から、燕の長城がはじまる）。渤海湾にのぞむ山海関から砂漠の嘉峪関まで2700kmともそれ以上とも言われる城壁が走り、城壁のところどころに敵台がもうけられ、狼煙をあげて敵の侵入を伝えるなど、防御態勢が築かれた。北京近郊を防御する長城は、レンガと石を組みあげた強固なものだが、山西省より西は黄土を固めてつ

河北省

くった簡素なものとなっている。

大境門外大街 大境门外大街 dà jìng mén wài dà jiē
ダアジィンメンワイダアジエ ［★☆☆］

大境門の外側、清水河に合流する西溝にそって走る大境門外大街（西溝大街）。中国の物資を求めるモンゴルやロシアの隊商がここに集まり、「旱碼頭（陸の港）」と呼ばれる交易の中心地となっていた。とくにアヘン戦争以後の1860年の露清条約で、張家口が対ロシア貿易地に指定されると、大境門外大街は白系ロシア人の居留地となり、ロシア正教会も立っ

ていたという(1914年、西欧列強にも開放された)。この時代、中国商人は張家口でロシアの毛皮を求めたため、張家口は「皮都」とも呼ばれた。また戦前、大境門外大街の元宝山麓に今西錦司、江上波夫、梅棹忠夫といった日本人研究者のつとめた西北研究所、粛親王府などもあった。

張庫街道と農地

大境門外から北西に向かって伸びる張庫街道。張家口から張北、ウランバートル(庫倫)、さらにキャフタへと続いた。現在、この街道沿いには、中国(内蒙古自治区)、モンゴル国(外

河北省

蒙古)、ロシア（ブリヤート共和国）という3つの国に暮らすモンゴル人たちの営みが見られる。また近代以降、水草に恵まれる張家口北の長城外に、漢族たちが繰り出して開墾したことから、トウモロコシ畑や野菜畑も広がる。

通泰大橋 通泰大桥 tōng tài dà qiáo トォンタイダアチャオ

大境門近くに位置し、橋東と橋西を結ぶ長さ190mの通泰大橋。張家口周囲を走る環状路にかかり、赤色アーチの吊り橋は巨大なモニュメントとなっている。夜はライトアップされる。

長城線と張家口めぐって

CHINA
河北省

農耕世界と遊牧世界をわける万里の長城
中国・モンゴル・ロシア
異なる文明が張家口で交差してきた

遼・金・元

北京から河北省北部、山西省北部へ続く一帯は、燕雲十六州と呼ばれ、漢族と遊牧民の勢力の交わる土地だった(燕は北京、雲は大同)。北宋時代の1004年、澶淵の盟で燕雲十六州は北方の遊牧民国家の遼のものとなり、張家口は遼の「南京(北京)」と「西京(大同)」のはざまの要地となった。南の農耕地帯を睥睨する要衝という性格は、遼(916～1125年)、金(1115～1234年)、元(1271～1368年)と続き、1211年、チンギス・ハンは張家口南部で金軍を破り、北京方面の居庸関に向かっている。元代、「大都(北京)」と「上都」を結ぶ

長城線と張家口めぐって

張家口北部に「中都」が築かれた経緯もあり、張北には元中都遺跡、中都原始草原度仮村などが位置する。元末の混乱から兵をあげた朱元璋は明（1368〜1644年）を樹立し、モンゴル族を万里の長城以北の塞外の地へと追いやり、やがて明の首都は北京におかれた。

首都防衛のための九辺鎮

明建国後も、元（北元）の勢力はモンゴル高原に残存し、「韃靼」と呼ばれたモンゴル、オイラートなどのモンゴル系部族が生活を送っていた。1449年の土木の変で皇帝がオイラート・モ

CHINA
河北省

ンゴルに拉致されると、北辺の守備は急務となり、万里の長城が築かれ、その要衝にあたる遼東、薊州、宣府、大同、偏頭、楡林、寧夏、甘粛、固原が九辺鎮と呼ばれた。張家口はこうした時代の1429年に軍事堡塁として築かれたことをはじまりとし、南東25kmの宣府(宣化)が張家口を管轄した。明代、対モンゴル政策の実質な責任者となった宣大総督(宣府と大同)は北京朝廷でも強い立場をしめた。モンゴルはしばしば万里の長城を侵したが、明朝末期になると互市をおいて懐柔政策をとり、東(東口)の張家口は西(西口)のフフホトとともに、漢族とモンゴル族の交渉の場となった。またこの時代、

明代の九辺鎮

『長城と北京の朝政』(城地孝/京都大学学術出版会)をもとに作成

北京〜張家口

『居庸関』(村田治郎/京都大学工学部)
北京張家口間沿線図をもとに作成

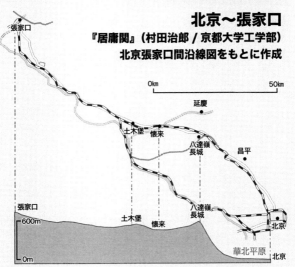

河北省

モスクワ公国のイワン3世（在位1462〜1505年）がモンゴル諸部を破り、ロシアの勢力は東方のシベリアへ進出していた。

ロシアの進出とキャフタ貿易

ロシアはモンゴルを通じてはじめて中国に接し、やがて1618年、直接、張家口から北京へ使節を送った（ロシア人はそれまで知らなかった「茶」という飲みものを1639年に見たという）。中国では明から清へ王朝が替わり、中国とロシアは1689年にネルチンスク条約で互いの領土を確定させた。ロシアは中国の綿織物、絹織物、茶を求め、中国はロシ

長城線と張家口めぐって Zhangjiakou

アから毛皮を求めるという交易は、当初、ネルチンスク〜チチハル〜北京という東まわりだったが、外蒙古情勢が安定すると、キャフタ〜ウランバートル〜張家口〜北京という直線ルートが確立された。1727年に結ばれたキャフタ条約で、ロシアと清朝の国境となったキャフタへ中国商人は張家口から毛皮を買いつけにいき、またロシア商人が張家口まで茶や薬用の大黄を買いつけにきた。こうして張家口（カルガン）の名前は西欧にまで知られたが、海洋からのイギリスの進出、1869年のスエズ運河、1903年のシベリア鉄道の開通にともなって、キャフタや張家口は「陸の港」の役割を終えた。

Guide,
Cheng Shi Fu Jin
市街縁部
城市案内

清水河の流れる谷に広がる張家口市街
東西からせまる丘陵部には
仏教や道教寺院が残る

水母宮 水母宮 shuǐ mǔ gōng シュイムウゴォン ［★★☆］
張家口北西の丘陵地帯では尾根上に万里の長城が走り、水母宮はその一角にある臥雲山の山麓に位置する。乾燥した気候の張家口では雨を降らせる龍王の婦人「水母」が信仰され、清代の1782年に水母をまつるこの道教寺院が建てられた。ここで湧き出す水は張家口の水源になったほか、水母娘娘は子授けの神様としても親しまれた。また水母宮から遠くない大境門外には、毛皮商人たちの拠点があり、毛皮をなめすための清らかな水を必要としたことから、商人たちも水母宮に訪れた（張家口は「皮都」と呼ばれた）。近代には、抗日軍

河北省

を組織した軍閥馮玉祥（1880～1948年）が拠点としたほか、日本の進出した時代は万里の長城にそってハイキングを行なう憩いの場となっていた。現在、水母宮のほか、臥雲亭、長城観景台、人造瀑布、群山臥龍といった景勝地、洗皮池、吉鴻昌紀念館、馮玉祥像などが残り、毛沢東時代に掘られた有事の際の地下トンネルも見られる。

張家口を拠点とした馮玉祥

1912年の清朝滅亡後に実権を握った北洋軍閥袁世凱の流れをつぐ軍閥の馮玉祥（1880～1948年）。馮玉祥は1924年、

▲左　クリスチャン・ゼネラルこと馮玉祥の像。　▲右　湧き出す水が張家口の人びとを潤した、水母宮

優待条件をとり消して愛新覚羅溥儀を紫禁城から退去させ、翌1925年から西北辺防督弁に任命されて本拠地を張家口に移した。自ら信仰するキリスト教の教えのもと、馮玉祥は配下の人たちと共同生活を送り、近代学校をつくってタオルや石鹸などの工場で労働に勤しんだ（一方、モンゴル人が牧畜を行なう草原を開墾したことからモンゴル人にとっての評価は漢族のそれとは異なるという）。共産主義革命を達成したソ連は、この馮玉祥に近づき、武器援助をするなど、馮玉祥は近代中国のキーパーソンとなっていた。満洲事変後の1933年、日本が中国への野心を見せるなか、馮玉祥は張家

CHINA
河北省

口を拠点にチャハル民衆抗日同盟軍を組織している。

雲泉寺 云泉寺 **yún quán sì ユゥンチュゥエンスウ**［★★☆］
張家口西にそびえる高さ 1005m の賜児山東麓に伽藍が展開する仏教寺院の雲泉寺。明の洪武帝時代の 1393 年に創建され、あたりの山紫水明、市街地を一望できる景観が知られてきた。現在、山の斜面にそって黄色屋根のふかれた天王殿、大悲殿などの伽藍が再建されていて、「塞外仏教第一寺」の文字が見える。この雲泉寺の位置する賜児山の名前は、「信心すれば子どもを授かる」という言い伝えからとられ、山の

▲左　賜児山の地形にあわせて展開する雲泉寺。　▲右　当たるも八卦当たらぬも八卦の占い

中腹（西斜面）には1年中枯れず、凍らない泉がある。またこの山は1937年、戦前、熱河から張家口に軍事侵攻した東條英機兵団ゆかりの本多が丘につらなる。

察哈爾烈士陵園 察哈尔烈士陵园
chá hā ěr liè shì líng yuán
チャァハアァァリエシイリンユゥエン　[★☆☆]

張家口市街東部、東山の山麓に残る察哈爾烈士陵園は、日中戦争や国民党との内戦で生命を落とした烈士が眠る。ここは戦前、日本による満蒙忠霊塔があった場所で、そばには天照

CHINA
河北省

大御神をまつる蒙疆神社、北白川宮記念碑も立っていた(チャハル作戦戦没者の分骨を収蔵した)。1942年に建てられた蒙疆忠霊塔の高さは45mにもなり、当時は張家口市街中から見渡せたという。日本敗戦後の1948年に蒙疆忠霊塔は破壊され、新たに日中戦争や国共内戦で生命を落とした1万7000人以上の中国人烈士をまつる察哈爾烈士陵園が整備された。この察哈爾烈士陵園は1951年に完成したが、日本時代のものが革命烈士紀念塔の基壇に転用されているという。

Guide, Nan Zhan
南駅
城市案内

CHINA
河北省

張家口南駅を中心とする新市街は
1949年の中華人民共和国成立以後に開発が進んだ
張家口旧市街とは南北で双子都市を形成している

張家口南駅 张家口南站
zhāng jiā kǒu nán zhàn チャンジィアコウナンチャン[★☆☆]

東西に丘陵がせまる地形の制約から、張家口市街は南北に細長く広がっている。1909年、張家口に鉄道が開通したとき、張家口堡の近くの張家口駅(北駅)が交通の起点だったが、1949年の新中国成立以後、広い土地が確保でき、利便性の高いこちらの張家口南駅がつくられた(ちょうど谷状の南の入口部につくられた)。現在はこの南駅を中心に新市街が形成され、整然とした街区をもつ。

張家口開発区 张家口市高新技术产业开发区
zhāng jiā kǒu shì gāo xīn jì shù chǎn yè kāi fā qū
チャンジィアコウシイガオシンジィシュウチャンイエカイ
ファアチュウ ［★☆☆］

張家口南駅一帯から市街南部に整備された張家口開発区。20世紀なかごろ以来、張家口は新興工業都市という性格をもっていたが、20世紀末から工業以外にも情報通信、科学技術などさまざまな分野の企業が集まっている。また張北では、風力発電が試みられるなど、環境に配慮した動きも見られる。

【地図】張家口南駅の [★☆☆]

- ☐ 張家口南駅 张家口南站 チャンジィアコウナンチャン
- ☐ 張家口開発区 张家口市高新技术产业开发区 チャンジィアコウシイガオシンジィシュウチャンイエカイファアチュウ
- ☐ 清水河 清水河 チィンシュイハア

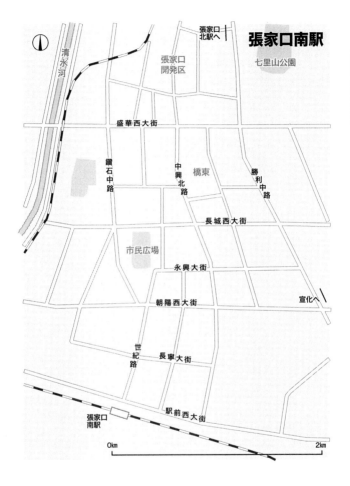

Guide, Zhang Bei
張北
城市案内

CHINA
河北省

張家口から万里の長城を越えれば
そこは遊牧民たちの暮らす草原
また崇礼県は中国を代表するスノーリゾート地帯

張北 張北 zhāng běi チャンベイ [★☆☆]

張家口北50kmに位置し、漢族農耕地の北端であり、モンゴル草原への入口となっている張北。土壁をめぐらせた張北城は、黒船が浮かぶようなたたずまいから、「黒城子」とも呼ばれた。1936年、モンゴル族の察哈爾盟公署の所在地となり、このあたりで最大の街でもあった。現在、地の利を生かして風力発電所がつくられるなど、新たな試みも見られる。

Zhangjiakou　張北城市案内

元中都遺跡 元中都遺址
yuán zhōng dū yí zhǐ ユゥエンチョンドゥイイチイ［★☆☆］

チンギス・ハン（1167〜1227年）の時代、モンゴルは中国華北に進出し、フビライ・ハン（1215〜94年）の時代に中華を統一した。モンゴル族は「夏の都」上都と「冬の都」大都（北京）を往来し、元中都遺跡はこの大都と上都のあいだ、張家口のちょうど北側に位置する（遊牧民は主要都市のあいだを移動し、拠点には色目人の官吏を派遣した）。この地はモンゴル語で「船筏のあるところ」を意味するオングチャドと呼ばれた放牧地で、フビライ・ハンの孫にあたるカイシャ

河北省

ン（在位1307〜11年）がもうひとつの都（中都）として莫大な予算をかけて建設しはじめた。結局、カイシャンが酒におぼれて即位3年半で急死し、中都の建設計画はなかばでやめられることになった。現在は草原のなか、博物館が立ち、元中都遺跡として整備されている。

張北城市案内 Zhangjiakou

中都原始草原度仮村 中都原始草原度假村
zhōng dū yuán shǐ cǎo yuán dù jià cūn チョンドゥユゥエンシイツァオユゥエンドゥジィアツゥン ［★☆☆］

モンゴル族の元が築こうとした上都、大都（北京）に続く都の中都。もともと張北台地には周辺の山地からの水を集めるアンクリノール湖があり、張北から沽源にかけては豊かな牧草地が広がっていた。中都原始草原度仮村では内蒙古に続く美しい大草原のなか、モンゴル族のゲル（テント）や乗馬などで遊牧民生活を満喫できる。夏の避暑を兼ねた観光地として整備されている。

【地図】張北

【地図】張北の [★★★]
- [ ] 大境門 大境門ダアジィンメン

【地図】張北の [★★☆]
- [ ] 宣化 宣化シュゥエンフゥア

【地図】張北の [★☆☆]
- [ ] 張北 張北チャンベイ
- [ ] 元中都遺跡 元中都遺址ユゥエンチョンドゥイイチイ
- [ ] 中都原始草原度仮村 中都原始草原度假村 チョンドゥユゥエンシイツァオユゥエンドゥジィアツゥン
- [ ] 崇礼県 崇礼県チョンリイシィエン
- [ ] 張家口駅（北駅）张家口北站 チャンジィアコウベイチャン
- [ ] 張家口南駅 张家口南站チャンジィアコウナンチャン

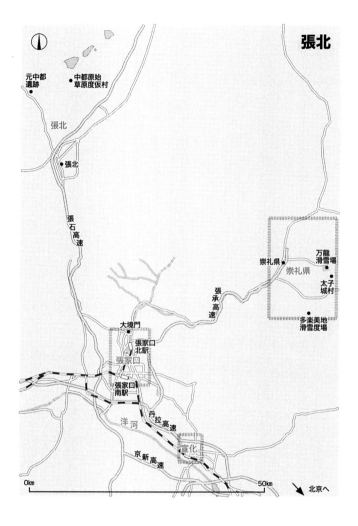

【地図】崇礼県の [★☆☆]

- [ ] 崇礼県 崇礼县 チョンリイシィエン

CHINA
河北省

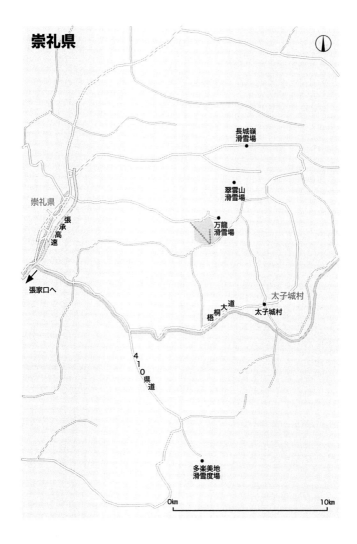

河北省

崇礼県 崇礼县 chóng lǐ xiàn チョンリイシィエン ［★☆☆］
張家口北東50kmの崇礼県太子城村を中心とする一帯は、中国有数のスノーリゾート地域。多楽美地滑雪度場、万龍滑雪場（万龍スキー場）、長城嶺滑雪場、翠雲山滑雪場などいくつものスノーリゾートが位置し、近くには森林公園も見られる。北京から180kmの距離で、冬のあいだゲレンデでスキーやスノボを楽しむ人びとの姿がある。

Guide, Xuan Hua
宣化
城市案内

CHINA
河北省

堂々としたたたずまいを見せる清遠楼や鎮朔楼
街の周囲を走る堅牢な城壁
宣化は張家口台頭以前からの古都

宣化 宣化 xuān huà シュゥエンフゥア ［★★☆］

宣化は張家口の南西25kmに位置し、明末から清代にかけて張家口が発展する以前の中心都市と知られてきた（現在、張家口市を構成する）。秦代、上谷と呼ばれたこの地は、古くから北の遊牧民と南の農耕民の衝突する地であった。モンゴル族の元代（1271～1368年）、宣徳府城がおかれ、現在の宣化の街はモンゴルを追い払った明洪武帝時代の1394年に建設され、洪武帝の第19子である谷王が分封された。明代、モンゴルへの最前線となった長城線に九辺鎮がおかれたが、なかでも宣化（宣府）はとくに北京の守りを果たす最重要基

Zhangjiakou

宣化城市案内

地であった(宣化、大同、山西の最前線を宣大総督が統括した)。現在も「京西第一府」と呼ばれて城壁に囲まれた伝統的な中国都市のたたずまいを見せ、楼閣、仏教寺院、回教寺院など多くの遺構を残す。また北に龍関、南に烟筒山という石炭や鉄鉱石を産出する鉱脈、北緯40度で気候的にぶどう栽培に最適の環境ももつ。

【地図】宣化

【地図】宣化の [★★☆]
- [ ] 宣化 宣化シュゥエンフゥア
- [ ] 五龍壁 五龙壁ウウロォンビイ
- [ ] 清遠楼 清远楼チィンユゥエンロウ
- [ ] 鎮朔楼 镇朔楼チェンシュゥオロウ
- [ ] 拱極楼 拱极楼ゴォンジイロウ

【地図】宣化の [★☆☆]
- [ ] 宣化城壁 宣化城墙シュゥエンフゥアチェンチィアン
- [ ] 宣化博物館 宣化博物館 シュゥエンフゥアボオウウグゥアン
- [ ] 清真南寺 清真南寺チィンチェンナンスウ
- [ ] 立化寺塔 立化寺塔リイフゥアスウタア
- [ ] 張世卿壁画墓 张世卿壁画墓 チャンシイチィンビイフゥアムウ

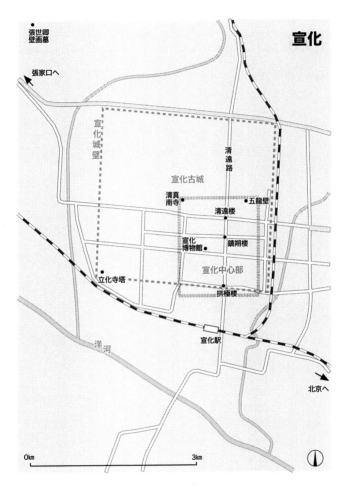

【地図】宣化中心部

【地図】宣化中心部の [★★☆]
- ☐ 宣化 宣化シュゥエンフゥア
- ☐ 五龍壁 五龙壁ウゥロォンビイ
- ☐ 清遠楼 清远楼チィンユゥエンロウ
- ☐ 鎮朔楼 镇朔楼チェンシュゥオロウ
- ☐ 清遠路 清远路チンユゥエンルウ
- ☐ 拱極楼 拱极楼ゴォンジイロウ

【地図】宣化中心部の [★☆☆]
- ☐ 時恩寺 时恩寺シイエンスウ
- ☐ 宣化博物館 宣化博物馆 シュゥエンフゥアボオウゥグゥアン
- ☐ 天主教堂 天主教堂ティエンチュゥジィアオタァン
- ☐ 清真南寺 清真南寺チィンチェンナンスウ

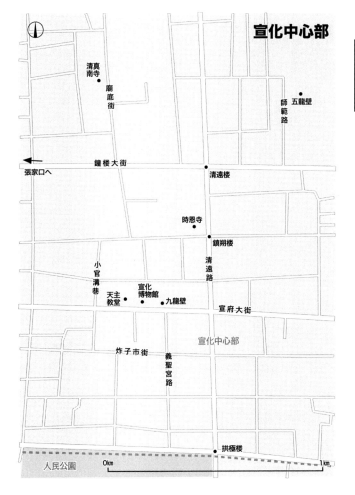

CHINA
河北省

宣化城壁 宣化城墙 xuān huà chéng qiáng
シュゥエンフゥアチェンチィアン [★☆☆]

宣化市街の周囲を走る高さ10m、全長12kmの宣化城壁。1辺3kmの四辺形で、城壁の外側を護城河が流れ、鉄壁の防御態勢がしかれていた。明代の1394年に築かれたもので、北面にふたつ、南面に3つ、東西にそれぞれひとつずつ城門がおかれ、南側にはさらに城壁（南関）がもうけられている。街の中軸線はやや東側となっていて、中心に立つ清遠楼（鐘楼）、鎮朔楼（鼓楼）のあいだに古い街並みが残る。

▲左　宣化師範学校の敷地内にある五龍壁。　▲右　中国有数の保存状態と言われる宣化城壁

五龍壁 五龙壁 wǔ lóng bì ウウロォンビイ ［★★☆］

5匹の龍とともに繊細な彫刻がほどこされ、宣化を代表する遺構の五龍壁（うえに3匹、したに2匹あわせて5匹の龍が見える）。もともとこの地には仏教古刹の彌陀寺があり、五龍壁は目隠しと風水をふまえた正面玄関の照壁としてつくられた。1916年以来、彌陀寺の敷地は宣化師範学校となったことから、五龍壁も学校内で安置されている。

清遠楼 清远楼 qīng yuǎn lóu チィンユゥエンロウ ［★★☆］

宣化古城の東西を走る鐘楼大街と、南北を走る清遠路が交わ

CHINA
河北省

る街の中心部に立つ清遠楼。日の出や日没など時刻を告げるため、彌陀寺の鐘をおいた鐘楼がはじまりで、現在の清遠楼は明代の 1482 年、秦紘によって築かれた。高さ 7.5m の城壁のうえに極彩色で彩られた三層の楼閣がそびえ、総高は 25m になる。楼閣内部には、明代に使われていた巨大な銅製の「宣府鎮城鐘」が安置され、清遠楼という名前はこの鐘の音が「澄み渡って遠くまで響く」ことから名づけられた。また清遠楼にかかる扁額は有名で、東側に「聳峙厳彊（辺境にそびえ立つ）」、北側に「聲通天穎」、西側に「震（鎮）靖辺雰（辺境の異民族を鎮める）」の文字が見える。

▲左　張家口と違って伝統的な中国都市の面影を残すのが宣化、清遠楼にて。
　▲右　清遠楼内部の巨大な鐘、ときを告げる

鎮朔楼 镇朔楼 zhèn shuò lóu チェンシュゥオロウ［★★☆］
北側の清遠楼（鐘楼）に対応するように、宣化市街の中軸線に立つ鼓楼の鎮朔楼。鎮朔楼という名前は、明代、この地に赴任した宣府総兵（宣化の官吏）の「鎮朔将軍印」にちなむ。高さ8.4mの城壁のうえにそびえる高さ15mの二層の楼閣は1440年、羅亨信によって築かれた。鎮朔楼の北側には清の乾隆帝（在位1735～95年）による「神京屏翰」の額が見え、「神京屏翰」とは「皇帝の暮らす北京を垣となって守護する」を意味する（直隷総督の那蘇図がかかげたという）。鎮朔楼内部には、清遠楼の鐘とともに宣化にときを告げた直径1.4m、

河北省

長さ 2.2m の太鼓が安置されている。

時恩寺 时恩寺 shí ēn sì シイエンスウ ［★☆☆］
鎮朔楼のそばにひっそりとたたずむ時恩寺。明代の 1470 年に建設された仏教寺院で、当時の仏教伽藍を今に伝える。

清遠路 清远路 qīng yuǎn lù チンユゥエンルウ ［★★☆］
宣化随一の目抜き通りの清遠路。明代以来の街の中心だったところで、現在は大型商店がならび、多くの人でにぎわう。

宣化博物館 宣化博物馆 xuān huà bó wù guǎn
シュゥエンフゥアボオウウグゥアン ［★☆☆］

1928～52年に存在した察哈爾省の民主政府がおかれた建物を転用して開館した宣化博物館。1930年に建てられた中国の伝統的な建築で、広い中庭の四方に建物を配する様式を四合院と呼ぶ（この中庭をもつ院が前院から中院、後院と奥につらなっている）。2009年、宣化博物館となり、鉄道模型や古地図、200あまりの収蔵品、古代から遼金元、明清、近代へいたるこの地方の営みが展示されている。また華北分離工作にともなって1937年、この地に侵攻した日本軍に関する

河北省

写真も見られ、「関東軍の稲妻作戦」と言われたチャハル作戦を指揮したのは関東軍参謀長であった東條英機であった。戦後もこの場所に察哈爾省民主政府があったがやがて張家口へ遷り、現在は旧察哈爾省の北部が内モンゴル自治区、南部が河北省となっている。またここ宣化博物館の東側そばには長さ24mの九龍壁も残る。

▲左　宣化博物館には察哈爾省民主政府がおかれていた、その奥には天主教堂が見える。　▲右　宣化を走った蒸気機関車の模型が展示されていた

天主教堂 天主教堂
tiān zhǔ jiào táng ティエンチュウジィアオタァン [★☆☆]

宣化博物館に隣接するキリスト教会、宣化天主教堂。アヘン戦争後の1869年に建てられ、設立から1世紀以上がたつことから、「百年天主教堂」ともいう。2本の尖塔に赤屋根、十字が見られ、敷地には修道院、聖堂、修女会があって、学校や病院の役割も果たしてきた。

CHINA
河北省

清真南寺 清真南寺
qīng zhēn nán sì チィンチェンナンスウ [★☆☆]

清真南寺は明代の1403年に創建されたイスラム教寺院で、あたりの廟底街にはイスラム教徒が暮らしている。「ぶた肉を食べない」「1日5度の礼拝する」といった生活体系をもつ回族（中国のイスラム教徒）は、唐代以来、中国に暮らしたペルシャやアラブ人を遠い祖先とする。宣化の清真南寺は礼拝堂、ミナレットといったモスク建築を中国の伝統的な建築におきかえた中国風の建築で、白い帽子をかぶった回族の人たちの姿が見える。北京の牛街清真寺、パオトウの大清真

寺とともに華北を代表するイスラム寺院にあげられる。

拱極楼 拱极楼 gǒng jí lóu ゴォンジイロウ ［★★☆］
明洪武帝時代の 1394 年に建てられ、宣化旧城の正門（南門）にあたった拱極楼。拱極楼を起点に左右に市街を囲む城壁が走り、この門南側に防御を固めるための関城（南関）がそなえられていた。近代、拱極楼の外側に鉄道駅がつくられ、人びとの憩いの場である人民公園も位置する。

CHINA
河北省

立化寺塔 立化寺塔 lì huà sì tǎ リイフゥアスウタア[★☆☆]
遼代(916〜1125年)に建設され、宣化旧城南西隅の塔児街に残る立化寺塔。高さ14m、五層八角の塔はこの地にあった立化寺に付属する舎利塔で、立化寺という名前は日本僧日持に由来する。蓮華阿闍梨日持上人は1250年、駿河国(静岡)に生まれ、日蓮の弟子「日蓮門下六老僧」となり、やがて大陸布教のため津軽から蝦夷(北海道)、中国に渡った(当時、のちの元に連なるモンゴル族チンギス・ハンが金を攻略しようとしていた時代に重なる)。日持は1297年ごろから宣化のこの地に住んだと言われ、死を迎えて荼毘にふされるおり、

▲左　宣化随一の商業街となっている清遠路。　▲右　宣化のイスラム教徒が礼拝に訪れる清真南寺

火のなかで立ちあがったという。このことが宣化の人びとの印象に残り、日持の住持したこの寺は立花寺（立化寺）と呼ばれるようになった。長い時間のなかで、日持の存在は忘れられ、この地には宣化の土地廟をまつる廟や寺院があった。20世紀になってから1935年に立化寺から出土した遺物（ふたつきの容器）が北京にもちこまれ、そのなかの文書に「日蓮聖人の署名」と「花押のある七文字の御題目」が見え、日本僧日持がこの地にいたことが確認された。

河北省

張世卿壁画墓 张世卿壁画墓 zhāng shì qīng bì huà mù
チャンシイチィンビイフゥアムウ ［★☆☆］

宣化郊外の下八里村に残る遼代の1116年に葬られた張世卿の壁画墓。遼代（916〜1125年）の942年、耶律徳光（太宗）が宣化に行宮をおいてから、この地は皇帝の避暑地となっていた。遼の王侯は絵画を愛し、張世卿壁画墓では漢族の男と遼の契丹族が描かれている。人びとが行楽を楽しむ「散楽図」、茶器をもちいて茶を飲む光景の「茶道図」、古代中国の二十八宿の「星象図」など、98もの図像が鮮やかな色彩とともに描かれ、陶器や漆器、ブドウや栗などの行楽や宴、衣

Zhangjiakou 宣化城市案内

装や姿を通して当時の生活が見える。発見された15の古い墓のうち、8座は遼の監察御史であった張世卿のものをふくむ漢人の張氏家族墓、1座は韓師訓の墓となっている。

Guide, Jiao Qu
郊外
城市案内

黄帝、顓頊、帝嚳、尭・舜の五帝の筆頭
黄帝ゆかりの涿鹿の野
蔚県や暖泉鎮といった街は明清時代の面影を残す

黄帝城 黄帝城
huáng dì chéng フゥアンディイチャン [★☆☆]

司馬遷『史記』にも描かれた中華民族の始祖とされる黄帝。古代中国の神話では、長らく神農の時代が続き、その子孫にあたる炎帝は諸侯の信頼を失った。黄帝は河北の「阪泉の野」で炎帝に勝利したが、その後、蚩尤が反旗をひるがえし、黄帝と蚩尤は「涿鹿の野」で闘うことになった。この場所の有力候補が河北省張家口近くの涿鹿だとされ、ほかに河北省涿県などの説もある。蚩尤は武器をつくり、暴風雨や濃霧で黄帝を苦しめたものの、黄帝は常に南のほうを指す「指南車」

河北省

を使って蚩尤を倒し、中国は統一された(「指南する」という言葉はこの「指南車」に由来する)。黄帝は中華民族の始祖とも、百穀草木を巻いた道教の始祖とも、蒼傑に命じて漢字をつくらせたとも言われる。司馬遷が『史記』執筆にあたって、実際に黄帝が都をおいたという涿鹿を訪れると、土地の老人たちは「(ここが)黄帝の都であった」と伝承を司馬遷に伝えたという。黄帝城はこの涿鹿の野に建てられ、黄帝、炎帝、蚩尤ゆかりの「中華三祖聖地」の文言とともに、モニュメントが立つ。

鶏鳴山 鸡鸣山 jī míng shān ジイミィンシャン ［★☆☆］

張家口南東部にそびえる名峰の鶏鳴山。台形状の山すがたが美しく、上部には名刹の永寧寺が立つ。鶏鳴山という名前は、唐の太宗（李世民）がこの地に行在した夜、鶏の鳴き声を聴いて命名したことにちなむ。

皇帝が捕えられた土木の変

北京を都とする明朝（1368～1644年）は、国土の北辺を頻繁に脅かす長城以北のモンゴルへの対応に苦慮していた。こうしたなかの1449年、エセンひきいるオイラート・モンゴ

【地図】張家口郊外

【地図】張家口郊外の [★★★]
- [ ] 大境門 大境门 ダアジィンメン

【地図】張家口郊外の [★★☆]
- [ ] 宣化 宣化シュゥエンフゥア

【地図】張家口郊外の [★☆☆]
- [ ] 黄帝城 黄帝城フゥアンディイチャン
- [ ] 鶏鳴山 鸡鸣山ジイミィンシャン
- [ ] 泥河湾遺跡 泥河湾遗址ニイハァワァンイイチイ
- [ ] 蔚県 蔚县ウェイシィエン
- [ ] 暖泉鎮 暖泉镇ヌゥアンチュアンチェン
- [ ] 崇礼県 崇礼县チョンリイシィエン

CHINA
河北省

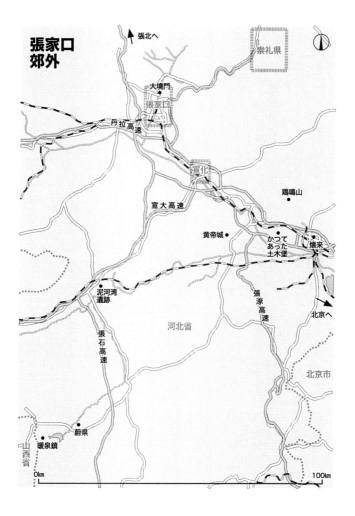

張家口
郊外

Zhangjiakou

郊外城市案内

CHINA
河北省

ルが明に入寇したという知らせが北京に届き、明は第6代正統帝の出陣を決定した。その危険さから皇帝自身の出陣には多くの反対があったが、第3代永楽帝以来の皇帝の威光を示す、宦官王振が自らの故郷蔚県に皇帝を迎えて故郷に錦を飾るといった思惑から、決行されることになった。北京をたった正統帝は山西省大同にいたったが、やがてオイラート・モンゴルが権勢をふるう状況を見て、北京に引き返すことを決めた。しかし、宣化城から懐来城へ向かう途上の土木堡にとどまっており、2万人のエセン軍に捕まり、中国皇帝がモンゴルへ拉致されるという前代未聞の事態が起こった。これ

を受けて北京の朝廷は正統帝の弟を新しく第7代景泰帝として即位させた。モンゴルは有利な条件獲得を目指して第6代正統帝返還の交渉を試みたが、北京側の対応を見て、やがて正統帝を北京に送り届けた。正統帝は南宮に軟禁されたが、「奪門の変」で再び、皇帝に即位し、第6代正統帝、第8代天順帝は同一人物ということになった。第7代景泰帝の墓は明十三陵に入れられることもなく、頤和園近くにひっそりと残っている。

河北省

現在の土木鎮と名前の由来

現在、懐来の東7kmにわずかに地名が残る土木鎮。皇帝が捕えられた土木堡はしっかりとした城壁をもつ県城ではなく、簡素な軍事拠点(要塞)のようなもので、かつて懐来の西16kmにあった。土木堡という名前は、このあたりを拠点とした遼の皇帝がこの地に大きな幕をはって滞在したため、「統幕」と名づけられたことに由来するという。「統幕」から音が似ている「土幕」「土木」と転じて、「土木堡」と呼ばれるようになった。

▲左　北京と張家口を結ぶ街道上に広がる官庁水庫。　▲右　巨大な城郭のめぐらされた県城に対して土木堡には充分な防御施設が備わっていなかった

泥河湾遺跡 泥河湾遗址
ní hé wān yí zhǐ ニイハァワァンイイチイ [★☆☆]

張家口南55kmの泥河湾盆地に位置し、今から136万年前の更新世初期の化石が発見された東アジア最古級の泥河湾遺跡。哺乳類の化石とともに、人類（現生人類とは異なる）の営みが確認され、古くから人類が海抜1000m、北緯40度のこの地に適応していたことが確認された。周口店よりも古い土器や石器が出土し、また張家口市街清水河のほとりの南菜園からも土器や石器が出土している。

河北省

蔚県 蔚县 wèi xiàn ウェイシィエン [★☆☆]

河北と山西を結ぶ街道上に位置し、旅人が往来する蔚県はあたりの農産物や物資の集散地となってきた。春節や婚礼に窓に飾る「剪紙（切り紙）の郷」と呼ばれ、清代以来、農民たちが農閑期に剪紙を副業としてきた（花や動物、鳥、魚といった対象を緑、赤など極彩色の切り絵で表現する）。華北の伝統的な街並みを残すことでも知られ、楼閣、孔子廟、関羽廟、玉皇閣などが残っている。

暖泉鎮 暖泉镇 nuǎn quán zhèn ヌゥアンチュアンチェン［★☆☆］
蔚県の西15kmに残る小さな暖泉鎮。元代から集落が形成されるようになり、明清時代の面影を残す四合院様式の建築が見られる。この暖泉鎮では旧暦の正月に行なわれる「打樹花」と呼ばれる行事が知られ、300年を超える伝統をもつという。溶かした鉄を柳の杓でくみあげて、城壁にぶつけると、花火のように鉄の雨がそそぐ「打樹花」。もともとは花火をあげられない鍛冶屋たちがあまった鉄を壁に投げて人びとを喜ばしたことにはじまるという。また唐山とともに姜文監督の中国映画『鬼が来た』の撮影地にもなった。

城市の
うつり
かわり

万里の長城のすぐそば（長城線）に位置する張家口
街は外長城の内側にあるものの
内蒙古フフホトやパオトウに近い性格をもつ

張家口以前（〜14世紀）

張家口南東55kmには、「漢民族の始祖」黄帝が蚩尤を破ったという琢鹿の野が位置する。この黄帝神話に対して、泥河湾遺跡から旧石器時代（136万年前）の遺構が発見され、古くから北緯40度の張家口近郊に人類の営みがあったことがわかっている。春秋戦国時代（紀元前770年〜前221年）、張家口北部は匈奴など遊牧民の世界、南側は燕国、代国の土地というように、この地はちょうど遊牧民と農耕民の折衝地となってきた。これがいわゆる長城線で、秦漢時代（紀元前221年〜220年）の万里の長城は張家口北部を走る陰山山脈

河北省

にそって築かれていた。中国では北方民族が農耕地帯に侵入して征服王朝となる例がしばしば見られ、遼、金、元といった王朝の都は北京や大同（燕雲十六州）といった長城線におかれ、張家口をふくむこの地帯は南の漢族の土地をのぞむ要衝だった。

明代（14～17世紀）

元を北方のモンゴル高原に追いやって建国された明の都はやがて北京におかれた。万里の長城以北では、以前、モンゴルの勢力が残存し、たびたび侵攻して漢族を苦しめていた。そ

▲左　モンゴル料理を出す店、怡安街近くの花園路にて。　▲右　瀟洒なモニュメント、超高層ビルも見られるようになった

れがきわまったのが1449年、第6代正統帝がモンゴル高原に拉致された土木の変。この事態を受けて、明では万里の長城強化が進められ、防御拠点の九辺鎮のなかでも、北京とモンゴル高原を結ぶ街道上の宣化（張家口南東25km）は最重要拠点となっていた。明代の張家口は宣化に従属していて、土木の変にさかのぼること20年前の1429年に外長城すぐそばに構えられた堡塁にはじまる。これが現在の張家口堡（下堡）で、しばしばモンゴルの侵入を受ける明では、張家口をはじめとする長城地帯で互市を開く懐柔政策をとる方針となった。そうすることで国境防衛の最前線という性格だった

河北省

張家口は、やがてモンゴルと漢族の交易の場という性格に変わっていった。

清朝（17 〜 20 世紀）

明末の 1613 年、モンゴルとの交易により便利な万里の長城すぐそばに「来遠堡（上堡）」が築かれ、1644 年、明に替わって清が中国王朝となった。この時代、新たに張家口に現れたのがシベリア進出をしてきたロシアで、1689 年のネルチンスク条約、1727 年のキャフタ条約が結ばれたことで、張家口はロシアの毛皮と中国の絹や綿織物、茶の交易の場「陸の

Zhangjiakou　城市のうつりかわり

港」へと台頭した。とくに最後の遊牧帝国と言われるジュンガル部が清朝に入り、その故地に新疆がおかれると、キャフタ、ウランバートル、張家口、北京を結ぶ交易ルートが確立された。街の発展とともに「張家口堡（下堡）」と「来遠堡（上堡）」がつながり、張家口は清朝から派遣された察哈爾都統の駐留地となった。この「陸の港」張家口の繁栄は、アヘン戦争後の海からの西欧列強の進出、シベリア鉄道やスエズ運河の開通などでかげっていった。

河北省

近代（20世紀）

清朝に替わって1912年に成立した中華民国では1914年に察哈爾特別行政区、1928年に察哈爾省がおかれ、張家口がその省都（中心）となった。近代化の遅れた中国をめぐってイギリス、ロシア、日本をはじめとする列強が中国に進出し、日露戦争（1904～05年）以後、日本は大陸進出を本格化させた。1932年、満州国が建国されると、日本は内蒙古と新疆へ続く張家口の地の利に目をつけ、1937年の盧溝橋事件後、日中戦争さなかの1939年、日本の傀儡政権である蒙古連合自治政府を発足させた。張家口はその首都となり、鉄道

▲左　ごつごつとした岩塊、張家口から先はモンゴルの大草原。　▲右　宣化に残る楼閣、明代に建てられた

駅のある橋東に多くの日本人が暮らした（終戦時には4万人の日本人が張家口にいたという）。国共内戦中に延安から中国共産党が大境門から張家口に入り、革命軍とともに延安の作家、芸術家が張家口に移ったことから、この街は「小延安」と呼ばれた。

現代（20～21世紀）

1949年、中国共産党による中華人民共和国が成立し、1952年、察哈爾省は消滅して張家口は河北省に編入された（河北省の省都は石家荘）。以後、張家口南部が発展するようになり、

CHINA
河北省

機械、エネルギー、冶金、科学、工業などの工場を抱える工業都市へと成長をとげた。また 1960 年代に中国とソ連の関係が悪化したときには、張家口は対ソ連の最前線の軍事都市となった（中国内蒙古と、ソ連の影響下にあった外蒙古、ソ連へと続く要衝だった）。こうした事情から長らく外国人の立ち入りが禁じられていたが、やがて外国人にも開放され、万里の長城の修築も進んだ。現在では、張家口郊外の崇礼県に中国でも有数のスノーリゾートが位置し、かつて元の中都があった張北では遊牧民体験のできるリゾート施設も見られる。

Zhangjiakou

城市のうつりかわり

参考文献

『万里の長城』(青木富太郎 / 近藤出版社)

『近代露清関係史』(吉田金一 / 近藤出版社)

『北京からモンゴル高原への道 -- 鶏鳴山駅城・宣化城・張家口を訪ねて』(細谷良夫・劉 小萌 / アジア流域文化論研究)

『西北研究所の思い出』(藤枝晃 / 奈良史学)

『中国の地方都市における信仰の実態』(W・A・グロータース・寺出道雄 / 五月書房)

『新生蒙古の首都 張家口風土記』(谷健次 / 秀文閣書房)

『内蒙古からの脱出』(日本張家口の会 / 日本張家口の会)

『長城の中国史』(阪倉篤秀 / 講談社)

『三菱社誌』(三菱社誌刊行会編 / 東京大学出版会)

『日持上人の大陸渡航』(前嶋信次 / 誠文堂新光社)

共同研究「日本文化形成と戦争の記憶」発表レジュメ (国際日本文化研究センター) http://www.nichibun.ac.jp/~zaigai/lu.pdf

『世界大百科事典』(平凡社)

张家口旅游政务网（中国語）http://www.zjktour.gov.cn/

张家口市・宣化区ガバメント web（中国語）http://www.zjkxuanhua.gov.cn/

[PDF] 張家口 STAY（ホテル＆レストラン情報）http://machigotopub.com/pdf/zhangjiakoustay.pdf

まちごとパブリッシングの旅行ガイド

Machigoto INDIA , Machigoto ASIA , Machigoto CHINA

【北インド - まちごとインド】

001 はじめての北インド
002 はじめてのデリー
003 オールド・デリー
004 ニュー・デリー
005 南デリー
012 アーグラ
013 ファテープル・シークリー
014 バラナシ
015 サールナート
022 カージュラホ
032 アムリトサル

【西インド - まちごとインド】

001 はじめてのラジャスタン
002 ジャイプル
003 ジョードプル
004 ジャイサルメール
005 ウダイプル
006 アジメール(プシュカル)
007 ビカネール
008 シェカワティ
011 はじめてのマハラシュトラ
012 ムンバイ
013 プネー
014 アウランガバード
015 エローラ
016 アジャンタ
021 はじめてのグジャラート
022 アーメダバード
023 ヴァドダラー(チャンパネール)
024 ブジ(カッチ地方)

【東インド - まちごとインド】

002 コルカタ
012 ブッダガヤ

【南インド - まちごとインド】

001 はじめてのタミルナードゥ
002 チェンナイ
003 カーンチプラム
004 マハーバリプラム
005 タンジャヴール
006 クンバコナムとカーヴェリー・デルタ
007 ティルチラパッリ
008 マドゥライ
009 ラーメシュワラム
010 カニャークマリ
021 はじめてのケーララ
022 ティルヴァナンタプラム
023 バックウォーター(コッラム〜アラップーザ)
024 コーチ(コーチン)
025 トリシュール

【ネパール - まちごとアジア】

001 はじめてのカトマンズ
002 カトマンズ
003 スワヤンブナート

004 パタン
005 バクタプル
006 ポカラ
007 ルンビニ
008 チトワン国立公園

【バングラデシュ - まちごとアジア】

001 はじめてのバングラデシュ
002 ダッカ
003 バゲルハット（クルナ）
004 シュンドルボン
005 プティア
006 モハスタン（ボグラ）
007 パハルプール

【パキスタン - まちごとアジア】

002 フンザ
003 ギルギット（KKH）
004 ラホール
005 ハラッパ
006 ムルタン

【イラン - まちごとアジア】

001 はじめてのイラン
002 テヘラン
003 イスファハン
004 シーラーズ
005 ペルセポリス
006 パサルガダエ（ナグシェ・ロスタム）
007 ヤズド
008 チョガ・ザンビル（アフヴァーズ）
009 タブリーズ
010 アルダビール

【北京 - まちごとチャイナ】

001 はじめての北京
002 故宮（天安門広場）
003 胡同と旧皇城
004 天壇と旧崇文区
005 瑠璃廠と旧宣武区
006 王府井と市街東部
007 北京動物園と市街西部
008 頤和園と西山
009 盧溝橋と周口店
010 万里の長城と明十三陵

【天津 - まちごとチャイナ】

001 はじめての天津
002 天津市街
003 浜海新区と市街南部
004 薊県と清東陵

【上海 - まちごとチャイナ】

001 はじめての上海
002 浦東新区
003 外灘と南京東路
004 淮海路と市街西部
005 虹口と市街北部
006 上海郊外（龍華・七宝・松江・嘉定）
007 水郷地帯（朱家角・周荘・同里・甪直）

【河北省 - まちごとチャイナ】

001 はじめての河北省
002 石家荘
003 秦皇島
004 承徳
005 張家口
006 保定
007 邯鄲

【江蘇省 - まちごとチャイナ】

001 はじめての江蘇省
002 はじめての蘇州
003 蘇州旧城
004 蘇州郊外と開発区
005 無錫
006 揚州
007 鎮江
008 はじめての南京
009 南京旧城
010 南京紫金山と下関
011 雨花台と南京郊外・開発区
012 徐州

【浙江省 - まちごとチャイナ】

001 はじめての浙江省
002 はじめての杭州
003 西湖と山林杭州
004 杭州旧城と開発区
005 紹興
006 はじめての寧波
007 寧波旧城
008 寧波郊外と開発区
009 普陀山
010 天台山
011 温州

【福建省 - まちごとチャイナ】

001 はじめての福建省
002 はじめての福州
003 福州旧城
004 福州郊外と開発区
005 武夷山
006 泉州
007 厦門
008 客家土楼

【広東省 - まちごとチャイナ】

001 はじめての広東省
002 はじめての広州
003 広州古城
004 天河と広州郊外
005 深圳(深セン)
006 東莞
007 開平(江門)
008 韶関
009 はじめての潮汕
010 潮州
011 汕頭

【遼寧省 - まちごとチャイナ】

001 はじめての遼寧省
002 はじめての大連
003 大連市街
004 旅順
005 金州新区

006 はじめての瀋陽
007 瀋陽故宮と旧市街
008 瀋陽駅と市街地
009 北陵と瀋陽郊外
010 撫順

【重慶 - まちごとチャイナ】

001 はじめての重慶
002 重慶市街
003 三峡下り（重慶〜宜昌）
004 大足

【香港 - まちごとチャイナ】

001 はじめての香港
002 中環と香港島北岸
003 上環と香港島南岸
004 尖沙咀と九龍市街
005 九龍城と九龍郊外
006 新界
007 ランタオ島と島嶼部

【マカオ - まちごとチャイナ】

001 はじめてのマカオ
002 セナド広場とマカオ中心部
003 媽閣廟とマカオ半島南部
004 東望洋山とマカオ半島北部
005 新口岸とタイパ・コロアン

【Juo-Mujin（電子書籍のみ）】

Juo-Mujin 香港縦横無尽
Juo-Mujin 北京縦横無尽
Juo-Mujin 上海縦横無尽

【自力旅游中国 Tabisuru CHINA】

001 バスに揺られて「自力で長城」
002 バスに揺られて「自力で石家荘」
003 バスに揺られて「自力で承徳」
004 船に揺られて「自力で普陀山」
005 バスに揺られて「自力で天台山」
006 バスに揺られて「自力で秦皇島」
007 バスに揺られて「自力で張家口」
008 バスに揺られて「自力で邯鄲」
009 バスに揺られて「自力で保定」
010 バスに揺られて「自力で清東陵」
011 バスに揺られて「自力で潮州」
012 バスに揺られて「自力で汕頭」
013 バスに揺られて「自力で温州」

【車輪はつばさ】
南インドのアイラヴァテシュワラ寺院には建築本体に車輪がついていて寺院に乗った神さまが人びとの想いを運ぶと言います。

・本書はオンデマンド印刷で作成されています。
・本書の内容に関するご意見、お問い合わせは、発行元の
　まちごとパブリッシング info@machigotopub.com までお願いします。

まちごとチャイナ
河北省005張家口
〜北京モンゴル街道「陸の港」［モノクロノートブック版］

2017年11月14日　発行

著　者	「アジア城市（まち）案内」制作委員会
発行者	赤松　耕次
発行所	まちごとパブリッシング株式会社 〒181-0013　東京都三鷹市下連雀4-4-36 URL http://www.machigotopub.com/
発売元	株式会社デジタルパブリッシングサービス 〒162-0812　東京都新宿区西五軒町11-13 清水ビル3F
印刷・製本	株式会社デジタルパブリッシングサービス URL http://www.d-pub.co.jp/

MP168

ISBN978-4-86143-302-3 C0326　　　　Printed in Japan
本書の無断複製複写（コピー）は、著作権法上での例外を除き、禁じられています。